Peter Pfarl

DIE HABSBURGER IM SALZKAMMERGUT

BONECHI VERLAG STYRIA

INHALT

Vertrieb
für Österreich
VERLAG STYRIA
Schönaugasse 64
A-8011 GRAZ
Telex 31-1782
Fax 0316/8063-709

für Deutschland
Verlag Butzon & Bercker
Hoogeweg 71
D-W-4178 Kevelaer

für die Schweiz
Herder AG Basel
Muttenzerstraße 109
CH-4133 Pratteln 2

Gedruckt in Italien vom
Centro Stampa Editoriale Bonechi

ISBN 3-222-12134-6

EINLEITUNG

1282 übertrug König Rudolf I. von Habsburg Österreich, Steiermark und die zugehörigen Länder seinen Söhnen Albrecht und Rudolf. Damit übernahm sein Geschlecht die Herrschaft in diesem Gebiet, und in der Folgezeit prägten sich Herrscher und Land gegenseitig in einer Weise, wie man es sonst selten antrifft. Nicht, daß die zumeist ernsten oder strengen Habsburger dem österreichischen Wesen, dem man eine gewisse Leichtlebigkeit nachsagt, in allem entsprochen hätten. Sie führten jedoch im Land entscheidende Komponenten ein, darunter das Leitbild staatlicher Korrektheit und gewissenhafter Verwaltung, das in zuweilen ausufernder Form dieses Staatswesen bis heute von den meisten anderen unterscheidet. Dazu kam das Gottesgnadentum des Erzhauses, die Berufung auf die göttliche Sendung des Geschlechts. Hatte die Familie nicht so verdiente Religions- und Türkenkämpfer wie Karl V. oder Ferdinand II. hervorgebracht? War ihr nicht die römisch-deutsche Kaiserkrone durch Jahrhunderte anvertraut gewesen und war sie nicht dazu bestimmt, in weiten Bereichen des Ostens geordnete Verhältnisse herzustellen? Noch für Kaiser Franz Joseph I., der persönlich äußerst anspruchslos lebte, war es oberstes Gebot, das Ansehen seines Geschlechtes unversehrt zu erhalten. Und wenn wieder einmal einer der Erzherzöge eine unstandesgemäße Heirat plante, verhielt er sich dem Rebellen gegenüber unerbittlich.

So wie es aber im prunkvollsten Schloß neben den glänzenden Schausälen Kammern geben mußte, in denen die fürstlichen Personen als private Menschen auftreten konnten, so entwickelte sich auch das Verhältnis der Habsburger zu einer der Herzlandschaften ihres Reiches, dem Salzkammergut, immer intimer. In diesem durch seinen Salzreichtum ausgezeichneten Landstrich waren sie nicht die pompösen Majestäten, sondern die sorgsamen Ökonomen. Hausväterisch standen sie über ganz besonders privilegierten Untertanen, deren Tätigkeit, der Bergbau und das Salzsieden, für den Staatsschatz bedeutsam waren.

Im 19. Jahrhundert zogen sie hierher, sozusagen „aufs Land“. Sie logierten in Ischl bei Bürgerlichen und bauten sich dann ihre Sommersitze, die sich nur durch etwas größere Dimensionen, nicht aber durch architektonischen Reichtum von den Villen anderer Sommerfrischler unterschieden. Und während andere Herrscher auch im Urlaub in Schlössern wohnten, hielt sich der österreichische Monarch in der „kaiserlichen Villa“ auf. Hier trug er nicht tagaus, tagein die zeremonielle Uniform, sondern zeigte sich häufig auch im Jagdgewand, in Lederhosen und Kniestrümpfen.

In dieser Landschaft hielt sich die Erinnerung an das Haus Habsburg wie ein Idyll, das die düsteren Schatten seiner letzten Jahrzehnte kaum trübten. Von dem oft recht exzentrischen Kronprinzen Rudolf sind hier keine Eskapaden überliefert. Selbst die melancholische Kaiserin Elisabeth fühlte sich im Salzkammergut wohl, und die starre Unzugänglichkeit des Kaisers wich der Erinnerung an den milden Übervater, der zu seiner Freundin, Frau Schratt, spazierte, um dort Kaffee und Gugelhupf zu genießen.

All das paßte auch besser in die Unbeschwertheit dieser Landschaft als steife Hof- und Staatsaktionen, und noch dazu solche der düsteren, tragischen Sorte. Daß an diesem Ort der Erste Weltkrieg sozusagen eröffnet wurde, weil es hier war, wo der Kaiser 1914 das Ultimatum an Serbien und das Manifest „An Meine Völker“ unterzeichnete, wird in der Geschichte von Ischl eher beiläufig erwähnt. Den Bezug zu Schießen und Blutvergießen, zu Not und Tod stellte man hier nicht her. Weit mehr wurde der 30. Juli für den Kurort zum Symbol des Schicksalsjahres 1914, jener Tag, an dem der altersgraue Franz Joseph den Zug bestieg und ein letztes Mal herausgrüßte, zu dem Ort, der sein Glück bedeutete. Dann hieß es für immer Abschied zu nehmen von einer großen Zeit, die sich seitdem immer mehr romantisch verklärt.

STAMMBAUM

unter Anführung der in dieser Broschüre erwähnten Habsburger (die Jahreszahlen sind Lebensdaten)

- **König Rudolf I.** (1218–1291)
  - König Albrecht I. (1255–1308) ∞ Elisabeth (1262–1313)
    - Kaiser Friedrich III. (1415–1493)
      - Kaiser Maximilian I. (1459–1519)
        - Kaiser Ferdinand II. (1578–1637)
          - Kaiser Leopold I. (1640–1705)
            - Kaiser Joseph I. (1678–1711)
            - Kaiser Karl VI. (1685–1740)
              - Kaiserin Maria Theresia (1717–1780) ∞ Kaiser Franz I. von Lothringen (1708–1765)
                16 Kinder, darunter
                - Kaiser Joseph II. (1741–1790)
                - Kaiser Leopold II. (1747–1792)
                  - Kaiser Franz (II.) I. (1768–1835)
                    13 Kinder, darunter
                    - Kaiserin Maria Louise (1791–1847) ∞ Napoleon I.
                    - Kaiser Ferdinand I. (1793–1875)
                    - Erzherzog Franz Karl (1802–1878) ∞ Sophie von Bayern
                      6 Kinder, darunter
                      - Kaiser Franz Joseph I. (1830–1916) ∞ Kaiserin Elisabeth (1837–1898)
                        - Erzherzogin Gisela (1856–1932)
                        - Erzherzog Rudolf Kronprinz (1858–1889)
                        - Erzherzogin Marie Valerie (1868–1924)
                          - ihre Nachkommen sind die heutigen Eigentümer der Kaiservilla
                      - Kaiser Maximilian von Mexiko (1832–1867)
                      - Erzherzog Karl Ludwig (1833–1896)
                        - Erzherzog Franz Ferdinand Thronfolger (1863–1914)
                        - Erzherzog Otto (1865–1906)
                          - Kaiser Karl I. (1887–1922)
                            - Otto von Habsburg (geb. 1912)
                  - Großherzog Ferdinand III. von Toskana
                    - ⋮ (Erzherzog) Johann von Orth (1859–1890)
                  - Erzherzog Karl Sieger von Aspern (1771–1847)
                  - Erzherzog Johann (1782–1859)
                  - Erzherzog Erzbischof Rudolf (1788–1831)
                - Erzherzog Ferdinand Karl (1754–1806)
                  10 Kinder, darunter
                  - Erzherzog Maximilian Josef Hoch- und Deutschmeister (1782–1863)
  - Rudolf (1270–1290)

DIE HABSBURGER BIS ETWA 1800

Kaum hatte sich die habsburgische Familie in den alten babenbergischen Ländern festgesetzt und der Stammvater König Rudolf I. 1282 seine Söhne Albrecht und Rudolf in Österreich und Steiermark als Herzöge installiert, da trat das Geschlecht auch schon in lebhafte Verbindung zu jener damals entlegenen Gegend, die viele Jahrhunderte später wie kaum eine andere „Habsburgs Lieblingslandschaft" werden sollte: das Land an der oberen Traun – damals allerdings noch nicht wegen der schönen Landschaft, sondern wegen der reichen Salzlager. Schon Herzog Albrecht I. erbaute zur Sicherung des Hallstätter Salzberges 1284 den heute noch bestehenden Rudolfsturm, der nach seinem Vater Rudolf I. benannt wurde, und führte um der Salinen willen regelrechte Kriege mit den Erzbischöfen von Salzburg. Von seiner Witwe Elisabeth wird berichtet, daß sie 1308 einen neuen Stollen in Hallstatt anschlagen ließ und den Salzsiedern und -händlern eine neue Ordnung gab, weswegen sie in alten Schriften als „die erste Begründerin des Salzbergbaues und Salzsiedewesens im Kammergute" gerühmt wurde. Dies scheint zwar übertrieben, doch datiert man ab ihrer Zeit tatsächlich den staatlichen Bergbau- und Salinenbetrieb.

Durch die Jahrhunderte hindurch währte ein wirtschaftlich bedingtes enges Verhältnis zwischen den habsburgischen Herrschern und ihrer von der Hofkammer verwalteten Domäne. Die Gegend war ein kleiner Staat im Staate, den man lange Zeit nur mit behördlicher Genehmigung betreten durfte; es gab eine Art Sozialgesetzgebung, einen Preisstopp, eine Waldordnung und manches andere, was von einem gesunden Sinn für Wirtschaftliches zeugt.

An dieses dem Kammergut erwiesene Wohlwollen erinnert der 1449 von Kaiser Friedrich III. gestiftete Flügelaltar in der Salinenspitalskirche von Bad Aussee; am untersten Teil der Bildtafeln kann man die geheimnisvollen Buchstaben AEIOV lesen, die der

*Die Einfahrt in den **Erbstollen in Sulzbach** (1898).*

*Der von Kaiser Friedrich III. gestiftete **Flügelaltar** in der Salinenspitalskirche von Bad Aussee (1449).*

Kaiser an allem, was ihm gehörte oder was von ihm gestiftet wurde, anbrachte und die man unter anderem mit dem Satz „Aller Ehren ist Österreich voll" deutet.

Der nächste Kaiser, Maximilian I., ein aufgeschlossener, abenteuerfreudiger Fürst, hielt sich gerne im Gebirge auf. Sein Interesse galt in besonderem Maße dem Bergwesen, und er besichtigte am 9. Jänner 1504 persönlich den Salzberg von Hallstatt. Auf dem Weg dorthin hält ein bald nach der Visite angebrachter Stein sein Andenken fest: „Hie hat geraßt der hochlöblich römisch Kunig Maximilian als er gangen ist, die Salzberg zu besehen." Eine beachtliche sportliche Leistung des Herrschers war die Ersteigung des Traunsteins am 14. November 1506, eines Berges, der auch heute trotz gesicherter Wege nur geübten Bergsteigern anzuraten ist. Der Wallfahrtsort St. Wolfgang, der damals in seiner höchsten Blüte stand, beeindruckte ihn dermaßen, daß er verfügte, er wolle auf dem Falkenstein, dem Berg, auf dem der heilige Wolfgang in strenger Einöde gelebt hatte, begraben werden. Man entwarf eine kunstvolle Kapelle, ein Stift des St.-Georgs-Ritterordens sollte gegründet werden, ja, 16 Geharnischte sollten die Ehrenwache im Mausoleum halten – schließlich intrigierte der Erzbischof von Salzburg erfolgreich gegen den romantischen Plan, und die herrlichen Bronzefiguren für das Kaisergrab wurden nicht in St. Wolfgang, sondern in der Inns-

*Links: Der **Traunstein** (1691 m), 1506 von Kaiser Maximilian I. erstiegen.*

*Rechts: **Kaiser Maximilian I.** (1459–1519) zählt wohl zu den populärsten Habsburger-Herrschern, als der „letzte Ritter“ auf dem Kaiserthron.*

*Unten links: Der **„Raststein“** Kaiser Maximilians I. am Weg zum Salzberg in Hallstatt.*

*Unten rechts: **Wappenfresko** am Kammerhof in Gmunden.*

brucker Hofkirche aufgestellt. Der repräsentationsbewußte Habsburger ließ übrigens auch am alten Sitz der Salzverwaltung, dem Kammerhof in Gmunden, ein Fresko anbringen, das die Wappen seiner wichtigsten Länder zeigt.

Der Kaiser der Gegenreformation, Ferdinand II., stiftete 1621 für die Kirche von St. Wolfgang einen heute noch dort vorhandenen schmiedeeisernen Kerzenhalter. Sein Enkel Leopold I. kam 1683 selber als andächtiger Pilger her, während die Türken seine Residenzstadt Wien belagerten. Und die Kaiserin Maria Theresia wird in einer Inschrift an der Fassade der Ischler Kirche als deren Stifterin genannt.

Von Kaiser Ferdinand II. gestifteter ***schmiedeeiserner Kerzenhalter*** *in der Wallfahrtskirche von St. Wolfgang.*

Kirchenfassade von Bad Ischl *mit Erinnerungsinschrift für Kaiserin Maria Theresia.*

DIE HABSBURGER IN DER ERSTEN HÄLFTE DES 19. JAHRHUNDERTS

Im Jahr 1797 schrieb erstmals ein prominenter Reisender, nämlich Alexander von Humboldt, einen begeisterten Bericht über die „großen Naturszenen" des Salzkammergutes, die denen der Schweiz unbedingt vorzuziehen seien. Aber die landschaftlichen Schönheiten wären kaum so schnell populär geworden ohne die immer häufiger werdenden Aufenthalte der Habsburger. 1801 kam zum ersten Mal der Bergfreund Erzherzog Johann, über den noch zu sprechen sein wird, hierher, und am 27. August 1812 gelangte sein Bruder Erzherzog Karl beim vergeblichen Versuch, den fast 3000 Meter hohen Dachstein zu besteigen, bis zum Hallstätter Gletscher, wo er mit seinem Bergsteigergefährten ein erwähnenswertes „frugales Frühstück" mitten auf dem Eis einnahm. Die Gegend trägt seither den Namen Karls Eisfeld.

Damals aber rückte das Herz des Kammergutes in den Mittelpunkt des Interesses: Ischl, aus dem ein bekannter und wohl auch geschäftstüchtiger Arzt aus Wien, Franz Wirer, der den Wert der Solekuren propagierte, innerhalb kürzester Zeit ein Nobelbad machte. Der erste aus der kaiserlichen Familie, der 1825 „sehen wollte, was dran sei", war der Bruder Kaiser Franz' I., der Kardinal-Erzbischof von Olmütz, Erzherzog Rudolf. Der Kirchenfürst, der übrigens in der Kulturgeschichte als entscheidender Gönner Beethovens weiterlebt, hatte das Gefühl, daß die Sole guttue, und kehrte mehrmals wieder, so daß ihm der junge Kurort 1839 als seinem ersten prominentesten Gast ein Denkmal setzte.

Der ***Hallstätter Gletscher:***
„Karls Eisfeld" genannt.

Der entscheidende Coup gelang Dr. Wirer 1827, als er der Erzherzogin Sophie weismachte, eine Solekur sei auch gegen Kinderlosigkeit wirksam, was diese deswegen besonders interessierte, weil sie aus ihrer Ehe mit Erzherzog Franz Karl keine Kinder hatte, aber auch, weil dessen einziger Bruder, der Thronfolger Ferdinand, ohne Nachwuchs war. 1828 gebrauchte das Paar erstmals die Ischler Bäder, und, ob berechtigt oder nicht, als 1830 der erste Sohn, der spätere Kaiser Franz Joseph, und nachher noch weitere Kinder zur Welt kamen, sprach man von „Salzprinzen“. Nun konnte nichts mehr den Ruf des neuen Bades aufhalten. Sophie und Franz Karl verbrachten weiter ihre Sommer hier, so daß auch ihr ältester Sohn, der schon 1831 nach Ischl gebracht wurde

__Denkmal für Erzherzog Rudolf__ in Bad Ischl.

Die __Esplanade__ an der Traun.

und dessen Wiege damals auf dem Balkon des erzherzoglichen Hauses am Kreuzplatz aufgestellt wurde, sich an diese Sommerfrischen gewöhnte. Später schlugen die Eltern ihr Quartier im Seeauer-Haus auf, das heute das Stadtmuseum beherbergt. Dort wurde von Dr. Wirer eine prächtige Promenade angelegt, die nach der Erzherzogin benannte Sophien-Esplanade. Noch heute künden an ihrem Beginn eine Statue und ein Denkstein mit sinnigen Inschriften vom biedermeierlichen Geschmack, der damals den Alpenort und seine Umgebung mit einer Menge solcher sentimentaler Kleinmonumente verzierte. Franz Karl, ein schlichter Mensch mit bürgerlich-einfachem Auftreten, der unter dem Einfluß der resoluten Sophie stand, führte seine Buben hier zum Scheibenschießen und auf die Jagd; er selber, der als „Vater Ischls" verehrt wurde, gehörte in späteren Jahren, auf dem Tragesessel sitzend und Geld unter die Leute streuend, zum sommerlichen Bild des Kurortes. Drei Jahre nach seinem Tod errichtete der Ort ihm und seiner Gemahlin als den „großzügigen und besten Gönnern" ein Denkmal in Form einer neugotischen, statuenverzierten Brunnensäule.

Oben: ***Die Eltern Kaiser Franz Josephs:*** *Erzherzog Franz Karl und Erzherzogin Sophie.*

Unten: ***Erzherzog Franz Karl*** *im Alter.*

Die Anwesenheit so hoher Mitglieder des Herrscherhauses zog natürlich viele andere berühmte Gäste an: 1837 kam Kaiser Ferdinand I.; Staatsmänner und Künstler folgten. Eine besonders interessante Besucherin war Maria Louise, ehedem Kaiserin von Frankreich, als Witwe Napoleons I. eine Art Reststück der Weltgeschichte, die mit einem großen Hofstaat nebst mehreren „Kammerdienern, Kammerfrauen und Küchenindividuen“ etliche Sommer hier verbrachte. Nach ihr wurde eine 1840 erschlossene Solequelle zwischen Ischl und Pfandl benannt, die „Maria-Louisen-Quelle“.

*Die **Maria-Louisen-Quelle.***

*Die **Esplanade in Bad Ischl** mit dem ehemaligen Hotel Austria (heute Stadtmuseum), Schauplatz der Verlobung Franz Josephs mit Elisabeth.*

Erzherzog Franz Karl mit seinen Söhnen *bei Schießübungen in Bad Ischl.*

Eine ergötzliche Anekdote wird aus der Frühzeit des Kurortes von Maria Louise, der Witwe nach Napoleon I., erzählt: „An einem der letzten Augusttage kam ein verstaubter Mann und bat, mit dem Herrn Obersthofmeister sprechen zu dürfen. Der Mann fragte an, ob er nachmittags dem kleinen Prinzen auf seinem Marionettentheater etwas vorspielen dürfe. Die Erlaubnis wurde erteilt, das Theater wurde im Hofe aufgestellt, auf den ersten Sitzreihen saßen die kleinen Prinzen, die ungeduldig den Vorbereitungen des geschäftigen Mannes zusahen. Kurz vor Beginn der Vorstellung kam auch Maria Louise mit ihren Hofdamen und dem Obersthofmeister. Letzterer fragte den Unbekannten kurz vor Beginn: ‚Was will Er uns vorführen, mein Bester?' – ‚Die Höllenfahrt Napoleons' war die völlig unerwartete Antwort. Selbstverständlich mußte von dieser Vorführung sofort Abstand genommen werden."

*Der **Franz-Karl-Brunnen** in Bad Ischl.*

KAISER FRANZ JOSEPH I. UND KAISERIN ELISABETH

Daß die Habsburger sich wie die anderen Herrscherhäuser vornehmlich als Familie fühlten, führte dazu, daß noch im 19. Jahrhundert Eheschließungen und Nachkommen im Mittelpunkt aller Überlegungen standen. So kam es, daß am 16. August 1853 Herzogin Ludovika aus einer Nebenlinie der Wittelsbacher, die den Titel „Herzöge in Bayern" führte, mit ihrer Tochter Helene in Ischl eintraf. Hatte sie doch mit ihrer Schwester, Erzherzogin Sophie, die Eheschließung des Mädchens mit Franz Joseph, seit 1848 Kaiser von Österreich, ins Auge gefaßt, weil sie den familiären Interessen bestens entsprach. Mitgekommen war noch eine weitere Tochter, die 15jährige Elisabeth, Sisi genannt, und als dem Kaiser die beiden jungen Damen vorgeführt wurden, verliebte er sich augenblicklich in die jüngere und machte schon am nächsten Tag klar, daß er sich für sie als Frau entschieden hatte. Die Auserwählte, die bisher eher in ländlichen Verhältnissen gelebt hatte, ließ in völliger Verwirrung die schockartig hereinbrechenden Geschehnisse über sich ergehen. So nahm eine Ehe ihren Anfang, die angesichts der persönlichen Zuneigung und der Schönheit der beiden Personen sowie ihrer gesellschaftlichen Stellung mit Recht als Traumpartie bejubelt wurde, die jedoch bald aufgrund der Zwangsregeln, denen gerade die allerhöchsten Familien unterworfen waren, für die Frau in Verweigerung und Depression mündete.

Unten: ***Kaiser Franz Joseph*** *und* ***Kaiserin Elisabeth.***

Seiten 18/19:
Der junge ***Kaiser Franz Joseph*** *als Jäger und* ***Kaiserin Elisabeth.***

Links: **Gedenktafel** zur Erinnerung an den Verlobungsausflug in Hallstatt: „Franz Joseph I. und Elisabeth machten einen Besuch an ihrem Verlobungstag, den 19. August, von Ischl her, begrüßt durch die frommen Glückwünsche des Bischofs von Linz."

Unten: Das **Seeauer-Haus**, später Hotel Austria, heute Stadtmuseum in Bad Ischl.

Rechts: **Kaiser Franz Joseph** und **Kaiserin Elisabeth** beim Ausritt, hinten links Ischl.

Am Anfang aber stand jene rührende, auch in den Sissi-Filmen breit ausgemalte Szene, wie der Kaiser bei seinem Geburtstagscercle im Seeauer-Haus (dem heutigen Gebäude des Stadtmuseums) statt der vorgesehenen Helene die junge Elisabeth zum Tanz führte und so seiner Umgebung das Signal gab, er wolle sie als künftige Kaiserin. Am nächsten Tag fand ein Ausflug nach St. Wolfgang statt, am 19. August war die Verlobung perfekt und wurde bei der Messe in der Ischler Pfarrkirche der Öffentlichkeit bekanntgegeben. Am Nachmittag fuhren die Brautleute nach Hallstatt, wo später eine Tafel mit lateinischer Inschrift zur Erinnerung an das denkwürdige Ereignis angebracht wurde.

Erzherzogin Sophie, die sich berufen fühlte, die Angelegenheiten des jungen Paares zu arrangieren, kaufte als deren Sommersitz eine Villa in Ischl und erweiterte sie durch Flügelbauten, so daß sie im Grundriß die Form eines E (für Elisabeth) erhielt, die Kaiservilla. Hier verbrachte der Monarch praktisch jeden Sommer bis zum Jahr 1914, in dem der Weltkrieg ausbrach, hier weilte er zu seinem in der ganzen Monarchie gefeierten Geburtstag, hier empfing er Könige und Staatsmänner. Diesen Platz schätzte er aber vor allem deshalb, weil er hier ein paar Wochen privater als sonst leben konnte. Schon die Bezeichnung „Villa" statt „Schloß" weist auf den Charakter des Hauses hin, noch mehr aber die Einrichtung der kaiserlichen Gemächer, die, mit Ausnahme einiger zentraler Räume, weniger von Repräsentation als von schlichter Behaglichkeit geprägt waren. Die unzähligen Jagdtrophäen künden vom Hobby des Hausherrn. Vor dem Haus begann, hinter einem schönen Springbrunnen und dem Standbild des „Lauschers" (einer Jägerfigur, die Königin Victoria von

*Oben: Die **Kaiservilla.***

*Rechts: Der **Springbrunnen** von Viktor Tilgner im Kaiserpark.*

Treppenhaus *in der Kaiservilla mit* ***Jagdtrophäen.***

Links: Das ***„Lauscher"-Standbild*** *gegenüber dem Eingang zur Kaiservilla (Geschenk der Königin Victoria von England).*

Schlafzimmer *des Kaisers.*

Arbeitszimmer *des Kaisers.*

England als Geschenk mitbrachte), der weitläufige Park, der überging in das Felsengebiet des Jainzenberges, eine prächtige Naturkulisse. In der Liebe zur Natur waren sich Franz Joseph und Elisabeth ja einig.

Das Leben in der Sommerfrische gestaltete sich sicherlich ungezwungener als in der Wiener Hofburg oder im Schloß Schönbrunn. Trotzdem war es keineswegs ein Urlaub im heutigen Sinn, was schon in der offiziellen Bezeichnung „Kaiserliches Hoflager in Ischl" zum Ausdruck kam. Franz Joseph begann den Tag unglaublich früh, nämlich um 4 Uhr, saß in den Morgenstunden am Schreibtisch und wurde während des Tages von zahlreichen Audienzen und Konferenzen in Anspruch genommen, denn er war von Kindheit an in höchstem Maße pflichtbewußt, ein güter Herrscher, dem das Wohl seiner Völker das Lebensziel bedeutete, der aber auch streng auf die Würde seines ihm anvertrauten Amtes achtete.

In Ischl gab es für ihn am ehesten ein Familienleben. Der Kaiser hatte außer dem Sohn Rudolf zwei Töchter mit einer stattlichen Kinderschar – auf die Gattin mußte er allerdings sehr oft verzichten. Elisabeth ging mehr und mehr ihre eigenen Wege, hielt sich aber doch gerne in Ischl auf, nicht zuletzt, weil sie mit Vorliebe wanderte und insbesondere den Jainzenberg zeitweise für

*Im **Arbeitszimmer** befinden sich alle Gegenstände noch am selben Ort, an dem sie zur Zeit des Kaisers gestanden waren.*

Büste *Kaiser Franz Josephs.*

***Büste** Kaiserin Elisabeths.*

Gala-Déjeuner *zu Ehren des Königs von England am 12. August 1908 mit* **Speisekarte** *(auf dem unteren Bild sind die beiden Monarchen in der Bildmitte links zu sehen).*

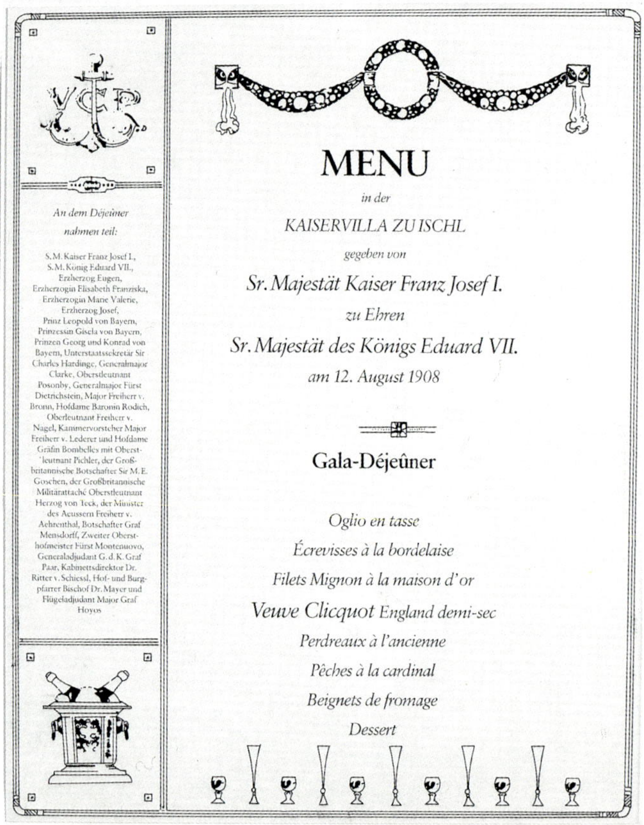

An dem Déjeûner nahmen teil:

S. M. Kaiser Franz Josef I., S. M. König Eduard VII., Erzherzog Eugen, Erzherzogin Elisabeth Franziska, Erzherzogin Marie Valerie, Erzherzog Josef, Prinz Leopold von Bayern, Prinzessin Gisela von Bayern, Prinzen Georg und Konrad von Bayern, Unterstaatssekretär Sir Charles Hardinge, Generalmajor Clarke, Oberstleutnant Posonby, Generalmajor Fürst Dietrichstein, Major Freiherr v. Bronn, Hofdame Baronin Rodich, Oberleutnant Freiherr v. Nagel, Kammervorsteher Major Freiherr v. Lederer und Hofdame Gräfin Bombelles mit Oberstleutnant Pichler, der Großbritannische Botschafter Sir M. E. Goschen, der Großbritannische Militärattaché Oberstleutnant Herzog von Teck, der Minister des Aeussern Freiherr v. Aehrenthal, Botschafter Graf Mensdorff, Zweiter Obersthofmeister Fürst Montenuovo, Generaladjudant G. d. K. Graf Paar, Kabinettsdirektor Dr. Ritter v. Schiessl, Hof- und Burgpfarrer Bischof Dr. Mayer und Flügeladjudant Major Graf Hoyos

MENU

in der

KAISERVILLA ZU ISCHL

gegeben von

Sr. Majestät Kaiser Franz Josef I.

zu Ehren

Sr. Majestät des Königs Eduard VII.

am 12. August 1908

Gala-Déjeûner

Oglio en tasse

Écrevisses à la bordelaise

Filets Mignon à la maison d'or

Veuve Clicquot England demi-sec

Perdreaux à l'ancienne

Pêches à la cardinal

Beignets de fromage

Dessert

*Die **Speisenträger** und die **gedeckte Stiege** vom Küchengebäude zur Kaiservilla.*

*Das **Marmorschlößl** (Außenansicht).*

sportliche Gewalttouren gebrauchte. 1856 wurde für sie unweit der Kaiservilla das Marmorschlößl errichtet, ein etwas versponnen wirkender Bau, vornehmlich im Stil der englischen Gotik gehalten. Hier entstanden wohl viele ihrer Gedichte und Briefe, welche das komplizierte Seelenleben dieser ruhelosen und unglücklich gewordenen Frau offenbaren.

Eines dieser Gedichte hatte sie unter einem Muttergottesbild oberhalb der Kaiservilla anbringen lassen:

„O breite Deine Arme aus,
Maria, die wir grüßen,
Leg schützend sie auf dieses Haus,
Im Tal zu Deinen Füßen.
O segne dieses kleine Nest,
Mag rings der Sturm auch wüten,
In Deinem Schutze stets hier fest,
Voll Gnaden wirst Du's hüten."

Das **Marmorschlößl** *(Innenansicht).*

In Ischl, wo der Kaiser seine Gattin, die er nie zu lieben aufhörte, zum erstenmal gesehen hatte, nahm er auch zum letztenmal Abschied von ihr: Am 15. Juli 1898 brach sie von hier auf zu jener Reise, auf der sie knapp zwei Monate später in Genf ermordet wurde.

Der Kaiser konnte in Ischl nicht einfach „abschalten", immer wieder gab es Staatsempfänge, und mitunter wurde im Salzkammergut auch große Politik gemacht, etwa als König Eduard VII. von Großbritannien von 1905 bis 1908 dreimal erschien. Am 12. August 1908 wurde in der Kaiservilla eine glanzvolle Hoftafel gegeben, anschließend unternahm der 78jährige Kaiser mit seinem Gast die erste Autofahrt seines Lebens, und abends fand ein Galadiner im Kurhaus statt, bei dem sich die Monarchen ihrer „herzlichen und freundschaftlichen Beziehungen" rühmten. In Wahrheit hatte der britische König ein paar Stunden vorher Franz Joseph vergebens vom Bündnis mit Deutschland abzubringen versucht, und sie waren mit großer Verstimmung auseinandergegangen.

Erste Fahrt Kaiser Franz Josephs *mit dem Automobil in Begleitung König Eduards VII. von England.*

Links oben: Das ***Diener- und Marstallgebäude.***

Links unten: Das ***Küchengebäude.***

Zu solcher Prunkentfaltung war der kaiserliche Hof auch im Sommerquartier durchaus imstande. Eine Dienerschaft, eine wohl eingerichtete Küche, Pferdeställe und alles andere, was dafür not tat, standen zur Verfügung. Das Küchengebäude steht heute noch an der Ischl, auch die hölzerne gedeckte Stiege, über die man die Speisen zur Villa transportierte, ist noch da, im Diener- und Marstallbau wurde inzwischen die Musikschule des Landes Oberösterreich eingerichtet. Mit dieser Ausstattung konnte man die vielen Hoffeste, die alljährliche Geburtstagscour und auch das vielleicht prachtvollste Fest, das Ischl je gesehen hat, bewältigen: die Hochzeit der Kaisertochter Marie Valerie, die 1890 auf ausdrücklichen Wunsch der Braut im geliebten Ischl gefeiert wurde.

Aus den Tagen der Ischler Kaiserzusammenkunft im Jahr 1877 wird folgende Geschichte erzählt: Eine junge Braunschweigerin wollte dem deutschen Kaiser Wilhelm I. bei dessen Abfahrt durchaus einen Blumenstrauß überreichen. Ehe er den Wagen bestieg, bat die Dame einen neben ihm stehenden preußischen Offizier, dem deutschen Kaiser in ihrem Namen die Blumen zu überreichen. Der Offizier erfüllte ihre Bitte, kam dann gleich wieder auf sie zu und übermittelte ihr mit freundlichem Lächeln den allerhöchsten Dank. Dann sah die junge Dame zu ihrer Verwunderung den liebenswürdigen Offizier neben Kaiser Wilhelm den Platz im Wagen einnehmen, und auf ihre Frage, wer dieser denn eigentlich sei, bekam sie zur Antwort: „Der Kaiser von Österreich!“

Links: Die ***Pfarrkirche*** *von Bad Ischl.*

Rechts: ***Darstellung der Krankenölung*** *in der Pfarrkirche von Bad Ischl (der Kranke ist Erzherzog Franz Karl, der Vater des Kaisers, dieser ist zusammen mit seiner Gattin rechts hinten zu sehen).*

Bei dieser Hochzeit und bei anderen Ereignissen diente die Pfarrkirche von Ischl als Hofkapelle. Sie blieb zwar ein eher schlichtes, ländliches Gotteshaus, wurde aber mit repräsentativen Fresken geschmückt, welche manche Gestalten aus der Kaiserfamilie zeigen. So wird auf dem Bild der Krankensalbung dem Vater des Kaisers die Letzte Ölung gespendet, während man im Hintergrund ihn selbst und seine Gemahlin erkennt.

Am meisten schätzte der Kaiser in Ischl die Möglichkeit zur Hochgebirgsjagd. Er hatte dort ein ausgedehntes Revier von insgesamt 142.000 Hektar mit einer Anzahl von Häusern und Hütten, darunter das sogenannte Jagdschloß Offensee. Lange vor dem Tagesbeginn brach er an Jagdtagen auf, mit Ausdauer stieg er noch im hohen Alter zum Ansitz, inmitten seiner Jäger und Förster war er wie kaum sonstwo Mensch fernab aller Apostolischen Majestät. Ein eindrucksvolles Denkmal davon ist der Kaisertisch im Goiserer Weißenbachtal, an dem der Monarch mit seiner Jagdmannschaft rastete, und noch mehr das Kaiser-Jagdstandbild im Wald zwischen Ischl und Lauffen, das ihm 1910 die Jägerschaft Österreich-Ungarns stiftete. Marie Valerie hat das Jagdgebiet des Kaisers in einem einfachen Gedicht beschrieben:

„Denn fliehend das wilde
Getümmel der Stadt,
Eilt in heilige Ruhe hieher,
Mein Vater, wenn manchmal
auf seinem Haupt
Die Krone drückt zu schwer.

Hier vergißt er der Sorgen,
vergißt der Müh'n,
Weiht dem edlen Waidwerk
sich nur,
Und schöpft sich neuerdings
Jugendkraft
Aus Gottes freier Natur."

1886 verbrachte der damalige Star des Burgtheaters, die Schauspielerin Katharina Schratt, erstmals den Som-

Der Kaiser als Jäger *(Vitrine im Städtischen Museum von Bad Ischl).*

Oben: Das **Kaiser-Jagdstandbild** in der Kaltenbachau.

Unten: Der **Kaisertisch** im Bad Goiserer Weißenbachtal.

*Das **Jagdschloß** am Offensee.*

SCHRATT

__Katharina Schratt,__ rechts, in Begleitung des Kaisers bei einem Spaziergang in Bad Ischl.

Linke Seite oben: Die __Schratt-Villa__ in Bad Ischl.

Unten: __Villa Frauenstein__ in Ried am Wolfgangsee (zeitweise Sommeraufenthalt der Katharina Schratt).

mer im Salzkammergut. Sie hatte die einsam gelegene Villa Frauenstein westlich von St. Wolfgang gemietet, und gleich machte sich ihr Verehrer Franz Joseph von Ischl aus auf, um sie zu besuchen: „Ich werde um sieben Uhr früh von hier nach Wolfgang fahren", schrieb er ihr, „und mich von dort zu Fuß durchfragen, bis ich Frauenstein gefunden habe. In der frohen Erwartung baldigen Wiedersehens bleibe ich Ihr ergebener Franz Joseph."

1889 übersiedelte die Freundin des Monarchen in die Villa Felicitas in Ischl, heute als Schratt-Villa bekannt, und schlug somit in der Nähe des kaiserlichen Wohnsitzes ihre Sommerresidenz auf, wo sie vom Kaiser fleißig aufgesucht wurde, und zwar vornehmlich in aller Herrgottsfrühe zu Kaffee und Gugelhupf.

Durch den Kaiser wurde Ischl während der Sommermonate zum Mittelpunkt der großen österreichisch-ungarischen Monarchie. Ein unbedeutender

*Huldigung der **Velozipedfahrer** im Juli 1898 anläßlich des 50. Regierungsjubiläums des Kaisers.*

Markt in einem entlegenen Tal entwickelte sich innerhalb weniger Jahrzehnte zu einem der mondänsten Badeorte ganz Europas, und Staatsmänner wie auch Künstler, die etwas gelten wollten, konnten nicht umhin, hier oder in der Umgebung ihre Sommerlogis zu nehmen. Um so intensiver war die Verehrung, die hier dem Mittelpunkt des Ganzen, dem Kaiser, entgegengebracht wurde, und die zeitgenössischen Nachrichten sind voll von Huldigungen für seine Person. Als Beispiel sei ein Radfahrerfest aufgeführt, das im Juli 1898 anläßlich des 50jährigen Regierungsjubiläums 1500 Velozipedfahrer aus allen Kronländern hierher zog. In einem Festzug bewegten sie sich vor dem Herrscher vorbei, ein extra komponierter Marsch von Johann Strauß wurde uraufgeführt, und großartige Höhenfeuer bildeten den Abschluß.

Ende Juli 1914 unterzeichnete der 84jährige Kaiser Franz Joseph in seiner hiesigen Villa das Ultimatum an Serbien und das Manifest „An Meine Völker", wodurch er den Ersten Weltkrieg einleitete. Am 30. Juli 1914 verließ er seine Sommerresidenz für immer.

„... So muß Ich denn daran schreiten, mit Waffengewalt die unerläßlichen Bürgschaften zu schaffen, die Meinen Staaten die Ruhe im Innern und den dauernden Frieden nach außen sichern sollen. In dieser ernsten Stunde bin ich Mir der ganzen Tragweite Meines Entschlusses und Meiner Verantwortung vor dem Allmächtigen bewußt.

Ich habe alles geprüft und erwogen.

Mit ruhigem Gewissen betrete Ich den Weg, den die Pflicht Mir weist.

Ich vertraue auf Meine Völker, die sich in allen Stürmen stets in Einigkeit und Treue um Meinen Thron geschart haben und für die Ehre, Größe und Macht des Vaterlandes zu schwersten Opfern immer bereit waren.

Ich vertraue auf Österreich-Ungarns tapfere und von hingebungsvoller Treue erfüllte Wehrmacht.

Und Ich vertraue auf den Allmächtigen, daß Er Meinen Waffen den Sieg verleihen werde."

ISCHL UND DER KAISERLICHE HOF

Zur Unterbringung der illustren Besucher wurden im Kurort Hotels erbaut, die zu den prunkvollsten und modernsten Europas zählten. Außen an den Fassaden brachte man Tafeln mit den Namen der berühmtesten Gäste an. Als das ehrwürdigste von ihnen galt das Hotel Post, 1828 angelegt und in der Folge zu einem imposanten Gebäude mit allem Komfort ausgebaut. Übertroffen wurde es von dem nach der Kaiserin benannten Hotel Elisabeth, das 1845 von einem italienischen Bauspekulanten errichtet wurde, sehr zum Verdruß Dr. Wirers, der selber gerne an dieser Stelle ein rentables Etablissement gebaut hätte. Ein gewaltiger Hotelkasten war das, von dem schon ein zeitgenössischer Autor meinte, Ischl werde „durch dieses Mausoleum mehr verunstaltet als geschmückt". Immerhin stieg hier das distinguierteste Publikum ab, wie Fürst Bismarck oder die Könige von Portugal und England.

Historisch bedeutsam war auch die Neue Plaßmühle, denn hier schloß 1855 der Kaiser das wichtigste Kon-

*Ehemaliges **Hotel Post** in Bad Ischl.*

BAPTISTEN
GEMEINDE

Anlagenbau

*Das ehemalige **Kurtheater**, heute Lehár-Filmtheater.*

kordat mit dem Heiligen Stuhl ab. Unbedingt muß aber das alte Kurtheater erwähnt werden, heute „Lehár-Filmtheater", in dem während der Kaiserzeit die bedeutendsten Schauspieler Wiens auftraten, etwa der heute noch nicht vergessene Alexander Girardi oder Katharina Schratt.

Während die Kaiservilla eine der großen Attraktionen des österreichischen Tourismus bildet, wurden die alten Treffpunkte der Gesellschaft zweckentfremdet, abgerissen und spiegeln nicht mehr viel von ihrer geschichtlichen Würde wider. Auch die mit Recht so hoch gelobte Landschaft von Ischl erscheint dem Betrachter heute vielfach als willkürlich zersiedelt. Wer sie aber mit aufmerksamen Augen durchwandert, entdeckt da und dort noch manche Erinnerungstafeln und manchen Gedenkstein. So etwa die Maxquelle, ein schlichter Brunnen, der 1868 zur Erinnerung an Maximilian, den im Jahr zuvor in Mexiko erschossenen Bruder

*Linke Seite oben: Die **Plaßmühle** in Bad Ischl.*

*Unten: **Pfarrgasse** mit ehemaligem Hotel Elisabeth (rechts).*

Links oben: ***Maximilian-Brunnen*** *(Maxquelle, zum Gedenken an den Bruder des Kaisers).*

Rechts oben: An dieser Stelle erlegte Kronprinz Rudolf seinen ersten Hirsch „im ***Jainzental*** *bei Bad Ischl".*

des Kaisers, angelegt wurde. Oder jene Stelle im Jainzental, an der, wie eine Inschrift meldet, am 22. August 1867 Kronprinz Rudolf seinen ersten Hirsch erlegte.

Es sei auch nicht unerwähnt, wie intensiv man die Beziehung mit der kaiserlichen Familie durch Namenspatronate pflegte. Vornehmlich verlieh man allen Anlagen, die in eine modernere Zeit wiesen, und somit allem Fortschrittlichen, die Namen der allerhöchsten Mitglieder des Erzhauses: Die 1877 eröffnete Bahnlinie, an der Ischl lag und an deren örtlichem Bahnhof sich das alljährliche Empfangszeremoniell für den Monarchen entfaltete, hieß Kronprinz-Rudolf-Bahn, das Spital Kaiserin-Elisabeth-Krankenhaus, eine neue Weganlage nach Perneck Kaiser-Franz-Joseph-Jubiläumsweg. Noch heute fahren auf dem Wolfgangsee das einstige Dampfschiff „Franz Josef" und die „Elisabeth", während am Traunsee der nach der Kaisertochter benannte Dampfer „Gisela" schwimmt und auf dem Grundlsee ein Schiff namens „Rudolf" Dienst tut, das ursprünglich „Kronprinz Rudolf" hieß und erst nach einer unpassenden Umbenennung auf „Rudolf Heß" auf die heutige Namenskurzform kam.

Zum Schluß soll noch darauf verwiesen werden, wie sehr die kaiserliche Sommerresidenz Ischl Künstler aller Art anzog. Maler, Schriftsteller und Musiker begaben sich in großer Zahl hierher und machten zusammen mit dem Gedenken an Franz Joseph

Der einzige Sohn Kaiser Franz Josephs, ***Kronprinz Rudolf,***
beging zusammen mit seiner Geliebten Mary Vetsera
am 30. Jänner 1889 Selbstmord in seinem Jagdschloß in Mayerling.

und seine Familie den Ruhm der kleinen Stadt aus. Überall findet man ihre Domizile, und viele konnten mit Franz Lehár sagen: „In Ischl hatte ich immer die besten Einfälle."

*Oben: Der **Bahnhof von Bad Ischl** (an der ehemaligen Kronprinz-Rudolf-Bahn).*

*Rechts: Zwei nach Mitgliedern des Kaiserhauses benannte Schiffe auf Salzkammergutseen: der **„Rudolf"** am Grundlsee und die **„Gisela"** am Traunsee.*

RUDOLF

GISELA

Die **Lehár-Villa** in Bad Ischl.

Der **Sommerwohnsitz** Johannes Brahms' in Bad Ischl.

ERZHERZOG JOHANN

Kein Zweifel, daß man am Wiener Hof überzeugt war, ein solches Malheur wie Johann, der Bruder des Kaisers Franz I., dürfe dem Haus Habsburg nicht mehr unterlaufen: Ein Mann, der nicht den Repräsentationspflichten nachging, sondern in Begleitung weniger Freunde in den Bergen herumkraxelte, der sich über die Regeln des Zeremoniells keine Gedanken machte und statt dessen die Praxis der Land- und Forstwirtschaft ausübte, der selber Industrien und Gewerbebetriebe gründete und dem vor allem die Standesunterschiede so wenig bedeuteten, daß er ein einfaches Mädchen aus dem Volk heiratete, Anna Plochl, die Tochter des Postmeisters von Aussee.

Es gibt wenige Gestalten in der Geschichte, vor allem wenige aus dem höchsten Adel, deren Andenken auch durch moderne Enthüllungshistoriker so wenig getrübt werden konnte, wie jene Erzherzog Johanns. Die Geschichte seiner großen Liebe, wie er sie selber in seinen Lebenserinnerungen „Der Brandhofer und seine Hausfrau" niedergelegt hat, stellt sich auch für uns Heutige als eine schöne Romanze dar: Am Ostufer des Toplitzsees, einem der romantischsten Punkte des Salzkammergutes, wo Felsen und Wälder eine eigene Welt abzugrenzen scheinen, eine Welt der unzugänglichen Seen und Wasserfälle, für die das Wort Märchenreich nicht unangebracht ist, erblickte der Erzherzog zum erstenmal

Der ***Toplitzsee.***

Oben: ***Gedenkstein*** *anläßlich der ersten Begegnung Erzherzog Johanns mit seiner späteren Gattin Anna Plochl.*

Unten links: Landschaftsbilder von ***Grundlsee*** *und* ***Toplitzsee.***

Rechts: Das ***Standbild Erzherzog Johanns*** *im Kurpark von Bad Aussee.*

Anna Plochl, *die Gattin Erzherzog Johanns.*

Grabdenkmal der Eltern der Anna Plochl an der Pfarrkirche von Bad Aussee.

Das **Elternhaus** der Anna Plochl in Bad Aussee.

*Das **Ladner-Wirtshaus** am Grundlsee, das in der Geschichte Erzherzog Johanns und Anna Plochls ebenfalls eine Rolle spielt.*

das Mädchen, und die kurze Begegnung machte so tiefen Eindruck auf ihn, daß er sich die Stelle merkte; sie ist heute durch einen Gedenkstein gekennzeichnet. Viele Jahre dauerte es, bis die Liebe Erfüllung fand, immer wieder trafen sich die beiden Liebenden, einmal im Ladner-Wirtshaus am Grundlsee, ohne daß sie damals allerdings Gelegenheit gehabt hätten, miteinander ungestört zu sprechen. 1829 erst erteilte der Kaiser seinem Bruder die huldvolle Erlaubnis, Anna Plochl heiraten zu dürfen.

Die Heimat seiner Frau war dem Erzherzog natürlich besonders teuer. 1838 erwarb er ihr Geburtshaus, es ist bis heute nach ihr, die vom Kaiser zur Gräfin von Meran geadelt wurde, benannt, und in diesem Haus ist sie 1885 gestorben. Ihre letzte Ruhestätte fand sie an der Seite ihres Gemahls in Schenna bei Meran. Ihre heikle gesellschaftliche Position hat sie zeitlebens mit großer Würde gemeistert, es gibt keine bösen Geschichten über sie.

Auch das Ausseerland wurde, nicht zuletzt durch die Liebesgeschichte des Erzherzogs, ein renommiertes Sommerfrischegebiet, in dem sich vor allem Leute niederließen, die die unberührte Natur und das originelle Volkstum suchten und die sich hier ihre geschmackvollen Landhäuser einrichteten.

*Rechts oben: Ankunft **Erzherzog Johanns** beim Ladner-Wirtshaus.*

*Rechts unten: Erzherzog Johann zusammen mit Anna Plochl am **Toplitzsee.***

*Eine der stilvollen **Salzkammergut-Villen** am Grundlsee.*

JOHANN ORTH

War die Lebensgeschichte von Erzherzog Johann eine heroisch-harmonisch geglückte Überwindung von Zwängen, so gelang dasselbe dem fast siebzig Jahre später lebenden Erzherzog Johann aus der toskanischen Linie der Habsburger, einem Mann von sprunghafter Wesensart, überhaupt nicht. Sein Vater hatte als Großherzog in Florenz geherrscht, die dortige Revolution hatte ihn vertrieben, und die Familie lebte fortan in Österreich, ohne ausreichendes Aufgabengebiet. So begann der begabte, aber frustrierte Johann, sich auf die Mißstände in der Monarchie einzuschießen. Da er wenig Beachtung in der Öffentlichkeit, aber umsomehr Ablehnung durch den Kaiser fand, trat er schließlich aus dem Haus Habsburg offiziell aus, heiratete seine Geliebte, eine Ballett-Tänzerin, und begab sich 1890 auf einem von ihm erworbenen Schiff nach Südamerika. Seither ist er verschollen.

Zwischen 1876 und 1878 kaufte er die beiden Schlösser Ort bei Gmunden, von denen eines malerisch auf einer Insel im Traunsee liegt, und baute sie ebenso wie die nahe gelegene Villa Toscana, einen älteren Familienbesitz, geschmackvoll um. Als er seine Rechte als Habsburger aufgab, nannte er sich nach diesem Herrschaftssitz Johann Orth.

***Seeschloß** Ort.*

Innenhof *des Landschlosses Ort.*

Villa Toscana.

ANDERE RESIDENZEN

In Altmünster, einem freundlichen Ort am Traunsee, gibt es ein Schloß aus dem 17. Jahrhundert, in dem Franz Schubert 1825 einige Wochen lang Gast war. Später kaufte Erzherzog Maximilian Josef, als Hoch- und Deutschmeister an der Spitze des Deutschen Ordens stehend, den Besitz und hielt sich so gern hier auf, daß er schließlich die Pfarrkirche des Ortes zu seiner Begräbnisstätte wählte. Heute ist die Erinnerung an diesen Enkel der Kaiserin Maria Theresia, der seinerzeit als besonders reaktionär galt, verblaßt, das eher schlichte Schloß wurde zur Schule, der Park hingegen blieb ein Schmuckstück der Traunsee-Landschaft.

In dieser Gegend, im Norden des Salzkammergutes, ließen sich, dem Beispiel der Habsburger folgend, auch noch andere Herrscherhäuser nieder. Die Könige von Württemberg bauten sich auf einer sanften Anhöhe zwischen Altmünster und Gmunden ihre prunkvolle Sommerresidenz, die heute ebenfalls als Schule dient. Wohingegen der Welfenkönig Georg V. mit seinem ganzen Hofstaat für immer hierher übersiedelte, als er 1866 von den Preußen gezwungen wurde, sein Land zu verlassen. Bei Gmunden baute er das etwas düstere Schloß Cumberland, das heute als Krankenhaus eingerichtet ist, während die nahe gelegene Königinvilla immer noch von der Welfenfamilie bewohnt wird.

Schloß Ebenzweier *in Altmünster.*

Schloß Württemberg *am Traunsee.*

Schloß Cumberland *in der Nähe von Gmunden.*

TOURISTISCHE HINWEISE

BAD ISCHL

Kaiservilla (S. 22ff): 5 Minuten vom Stadtzentrum (Pfarrkirche) entfernt, findet sich der Eingang zum Kaiserpark. Von dort geht man ein kurzes Stück zur Kaiservilla und von dort weiter zum Marmorschlößl (S. 32/33). Der Park ist das ganze Jahr über zugänglich. Es ist (außer im Winter) eine Eintrittsgebühr zu entrichten. Die Villa wird mit Führung besichtigt. Das Marmorschlößl ist Fotomuseum des Landes Oberösterreich. Außerhalb des Parkeinganges befindet sich am Ischlfluß das ehemalige Küchengebäude (S. 34), von wo eine gedeckte Stiege (S. 31) zum Diener- und Marstallgebäude (S. 34) führt. Letzteres ist heute Musikschule.

Pfarrkirche (S. 36): Auf den Fresken sind mehrfach Mitglieder des Kaiserhauses dargestellt. An der Fassade Gedenkinschrift an Maria Theresia (S. 10).

Stadtmuseum (S. 20): Ehemals Seeauer-Haus, später Hotel Austria – Schauplatz der Verlobung Kaiser Franz Josephs mit Elisabeth, an der Esplanade. Viele Schau- und Erinnerungsstücke an die Kaiserzeit.

Sophien-Esplanade (S. 12ff): Promenade entlang der Traun mit mehreren Denksteinen, ehemals Treffpunkt der Hautevolee der Monarchie.

Franz-Karl-Brunnen (S. 16): Auf dem dreieckigen Platz gegenüber dem Esplanaden-Eingang.

Erzherzog-Rudolf-Denkmal (S. 12): In einem kleinen Park gegenüber dem Postamt. An diesen Habsburger erinnert auch der Rudolfs-Brunnen neben der Talstation der Katrinseilbahn.

Ehemaliges Kurtheater (S. 45): Am Kreuzplatz, heute unter dem Namen Lehár-Filmtheater umgebaut und als Kino benützt.

Hotels (S. 43f): Von den einstigen Prachthotels ist kein einziges mehr als solches erhalten. Neben der Pfarrkirche steht das frühere Hotel Post (S. 43), heute Appartementhaus, gegenüber dem Beginn der Esplanade das einstige Hotel Elisabeth, heute als „Residenz Elisabeth“ ebenfalls Appartementhaus. Ihr Renommee aus der kaiserlichen Zeit konnte die Konditorei Zauner in der Pfarrgasse bewahren (Spezialität: Zaunerstollen).

Plaßmühle (S. 44): Ort des 1855 geschlossenen Konkordates, stand dort, wo sich schräg gegenüber dem Lehár-Filmtheater ein großes Hochhaus erhebt. Das auf S. 44 abgebildete Objekt ist die ein Stück weiter Richtung Kaiserpark gelegene Alte Plaßmühle.

Schratt-Villa (S. 40): Ca. 2 Kilometer außerhalb des Stadtzentrums an der Straße nach Salzburg gelegen, heute geschmackvoll eingerichtetes Restaurant der Spitzenklasse.

Kaiser-Jagdstandbild (S. 38): Erreichbar über die Kaltenbachau (Fortsetzung der Esplanade) oder von der Talstation der Katrinseilbahn (von dort noch ungefähr 10 Minuten, vom Stadtzentrum ca. eine halbe Stunde).

Maximilian-Brunnen (S. 46): Zum Bahnhof, von dort nach links über die Steinfeldbrücke, auf der anderen Seite der Brücke gleich nach rechts an die dortige Traunpromenade (10 Minuten vom Stadtzentrum).

Kronprinz-Rudolf-Denkstein (S. 46): Im Wald hinter dem Jainzenberg. Weg ist mit „Jainzental“ ausgeschildert (vom Stadtzentrum ca. 1 Stunde).

Maria-Louisen-Quelle (S. 14): Die nicht zugängliche Quellfassung liegt ungefähr gegenüber der Schratt-Villa an der Salzburger Straße.

Salzbergwerk: Das dem Publikumsbesuch geöffnete Schaubergwerk liegt in Perneck (ausgeschildert), der auf S. 5 abgebildete Kaiser-Franz-Josef-Erbstollen findet sich beim heutigen Betriebseingang des Salzbergwerkes, ungefähr 1 Kilometer nördlich von Lauffen.

Künstlervillen (S. 50): Im Stadtgebiet verstreut. Am bekanntesten ist die Lehár-Villa, die etwas unter der Hauptbrücke am rechten Ufer der Traun liegt (Museum). Der Sommeraufenthalt von Johannes Brahms liegt ca. 1 Kilometer außerhalb des Stadtzentrums oberhalb der Straße nach Salzburg, dort, wo der Ischlfluß ein kurzes enges Talstück durchfließt.

GMUNDEN

Wappenfresko des Kaisers Maximilian I. (S. 9): Am Kammerhofgebäude (alte Salzverwaltung) vor der Traunbrücke links (in Richtung Traun gesehen).

Schloß Ort (S. 59f) und Villa Toscana (S. 60): Unter Schloß Ort versteht man gewöhnlich das Seeschloß, das ca. 1 Kilometer westlich des Stadtzentrums auf einer Insel liegt. Hof und Kapelle können besichtigt werden. Am Beginn der zum Seeschloß führenden Brücke findet sich das viereckige Landschloß (nicht zugänglich). Daneben der prachtvolle Toscana-Park mit der Villa (heute Kongreßzentrum). Im Stadtmuseum von Gmunden gibt es Erinnerungen an Johann von Orth.

Schloß Cumberland (S. 63): An der Straße nach Vorchdorf, ca. 2 Kilometer nordöstlich der Stadt gelegen. Heute Krankenhaus und nicht zugänglich.

ALTMÜNSTER

Schloß Ebenzweier (S. 61), nahe dem Ortszentrum an einem schönen Park gelegen (Fremdenverkehrsschule, nicht zu besichtigen). Das Grab des Erzherzogs Maximilian befindet sich in der Pfarrkirche.

Schloß Württemberg (S. 62), an der Straße nach Gmunden gelegen (Schule, keine Besichtigung).

EBENSEE

Jagdschloß (S. 39); am Offensee (Abzweigung von der B 145 ca. 3 Kilometer südlich von Ebensee). Ein anderes derartiges Jagdschloß findet man unweit der Straße, die von Mitterweißenbach bei Bad Ischl zum Attersee führt (etwa auf der Paßhöhe nördlich der Straße).

ST. WOLFGANG

Pfarrkirche: An einem Pfeiler in der Mitte des Gotteshauses hängt der auf S. 10 abgebildete Kerzenhalter.

Villa Frauenstein (S. 40): Im Gelände des „Ferienhortes“ (Ferienheim und Schule) liegt die nicht zugängliche Villa (vom Schiff aus gut sichtbar, es handelt sich um das letzte Wohnhaus östlich der markanten Falkensteinwand).

BAD GOISERN

Chorinskyklause (S. 38): Ungefähr 1 Kilometer nördlich von Bad Goisern zweigt nach Westen das Weißenbachtal vom Trauntal ab. In etwa zweistündiger Wanderung (Wege auf beiden Seiten des Baches) erreicht man die alte Klause, eine Anlage für die Holztrift, in deren Nähe über dem linken Bachufer der Kaisertisch steht.

HALLSTATT

Verlobungsgedenkstein (S. 20): Gegenüber dem Gemeindeamt.

Raststein Maximilians I. (S. 9): An dem Weg, der vom Ortszentrum zum Salzberg führt (ca. eine halbe Stunde oberhalb des Marktes). Weiter oben der auf S. 5 erwähnte Rudolfsturm mit prachtvoller Aussicht.

BAD AUSSEE

Spitalskirche (S. 6f): Im Zentrum des Ortes am Meranplatz gegenüber dem Meranhaus (S. 55): Erzherzog-Johann-Denkmal (S. 53) im Kurpark hinter dem Kurhaus.

Grabstein der Eltern der Anna Plochl (S. 55) links neben dem südlichen Portal der Pfarrkirche.

Museum mit Andenken an Erzherzog Johann im Kammerhof.

GRUNDLSEE

Gasthof Ladner an der Straße am nördlichen Seeufer (S. 56): mit Erzherzog-Johann-Stube.

Toplitzsee (S. 52): Dort, wo die von Gößl kommenden Wege den Toplitzsee erreichen, steht der Gedenkstein.